ERNST SCHMIDT

BUNTE SORBISCHE OSTEREIER

VEB DOMOWINA-VERLAG BAUTZEN

VORWORT

Über Jahrhunderte hat sich unter der sorbischen Bevölkerung in der Ober- und Niederlausitz der schöne Brauch des Verzierens von Ostereiern erhalten. Diese alte Tradition wird heute noch in zahlreichen Orten von vielen Familien gepflegt. Aber auch in anderen Teilen der Deutschen Demokratischen Republik versuchten sich in den letzten Jahren ständig mehr Bürger mit dem Schmükken von Ostereiern nach sorbischer Art. Dazu hat sicherlich die in mehreren Auflagen seit 1962 von unserem Verlag in Zusammenarbeit mit dem Haus für sorbische Volkskunst herausgegebene und inzwischen vergriffene methodische Anleitung „Sorbische Ostereier" von E. Schmidt wesentlich beigetragen.

Der Verlag hat sich im Hinblick auf das stetig wachsende Interesse an sorbischen Ostereiern entschlossen, das vorliegende Büchlein, das insbesondere als Anleitung und Ratgeber für Zirkel und Einzelschaffende des bildnerischen Volksschaffens dienen soll, in neuem Gewande herauszubringen.

Möge diese Schrift zur Pflege und zur schöpferischen Bereicherung unseres Volkskunstschaffens beitragen und der künstlerischen Selbstbetätigung der Bürger dienen.

Der Herausgeber

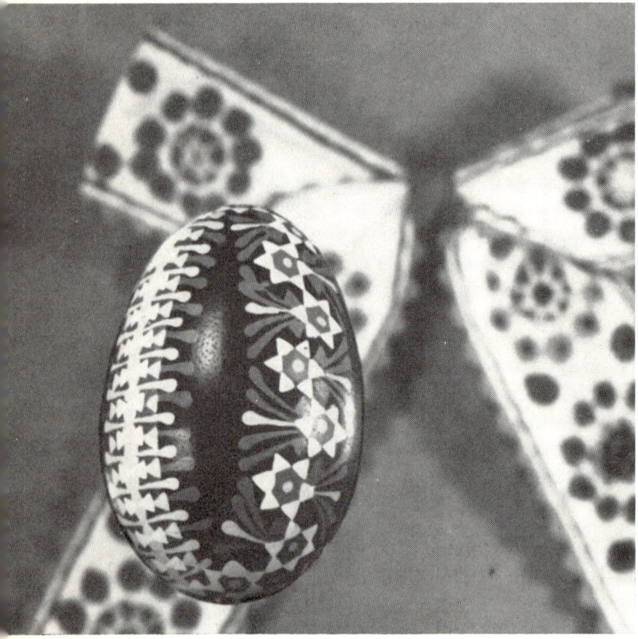

Dem alten Brauch des Verzierens von Eiern zu Ostern begegnen wir heute noch in vielen Gebieten der Ober- und Niederlausitz. Vor allem sind hier die Kreise Weißwasser, Hoyerswerda, Spremberg, Senftenberg und Calau zu nennen. Aber Ostereiermaler finden wir auch in anderen Kreisen und Gegenden unserer Republik.

Schon frühzeitig entwickelte sich das Bedürfnis, Dinge, die im Dasein des Menschen eine besondere Rolle spielten, auf irgendeine Art und Weise aufzuwerten. Auch beim Schmücken von Eiern erleben wir so ursprünglich die schöpferischen Kräfte im werktätigen Volke in Vergangenheit und Gegenwart.

Das Ostereiermalen gehört mit zu den ältesten Zeugnissen künstlerischer Gestaltung. Ostereier kennen fast alle Völker Europas. Die einfachste und älteste Form ein Ei zu schmücken ist das bloße Färben. Gefärbte Eier finden sich auch schon im alten China und Ägypten. Bei den Frühlingsfesten der alten Perser wurden gefärbte Eier verschenkt. Bruchstücke gefärbter Eier fanden Archäologen bei Ausgrabungen in der VR Polen.

Im Ei sah man das Symbol für den Ursprung allen Lebens. Ihm wurden einst magische Kräfte zugeschrieben. Es spielt heute noch im Leben vieler Völker eine Rolle.

Künstlerisch gestaltete Ostereier sind jedoch keine spezifische sorbische Besonderheit. Sie gehören zum Schatz jener Volkskunsttraditionen, denen wir in der Vergangenheit in Europa immer wieder begegnen. Jedes Volk hat die aus der Antike oder von Nachbarvölkern übernommenen Bräuche mit seiner eigenen Wesensart durchtränkt und zu eigenwilligen künstlerischen Gestaltungen geführt.

Mit Genugtuung dürfen wir immer wieder feststellen, daß das Verzieren von Ostereiern unter der sorbischen Bevölkerung noch fest verwurzelt und verbreitet ist. Diese Tradition vererbte sich von Generation zu Generation. Es ist eine Freude zuzuschauen, mit welcher Geschicklichkeit und lebendiger Phantasie diese kleinen Kunstwerke gefertigt werden.

8

Vornehmlich vertreten ist in der Lausitz die Wachsreservetechnik (Pendant zur Batik), weniger die Kratz- oder Ritztechnik. Nur noch vereinzelt treffen wir die Ätztechnik an.

Eier verzieren nicht nur bäuerliche Familien, sondern Angehörige aller Berufe, die heute im Dorfe wohnen. Da ist es neben dem Genossenschaftsbauer die Hausfrau, der Maschinist, der Bergmann, der Lehrer, der Angestellte und die verschiedensten Schichten der Bevölkerung.

Auf eine Reihe von Maßnahmen staatlicher Organe der DDR sowie der DOMOWINA – Bund Lausitzer Sorben – zur Pflege und Weiterentwicklung des alten Volksbrauches sei in diesem Zusammenhang auch hingewiesen.

An erster Stelle ist der „Ostereierwettbewerb“ zu nennen, welcher seit 1950 alljährlich durchgeführt wird. Es gibt viele versierte Ostereiermaler, die sich schon von Anfang an daran beteiligen. Doch jedes Jahr tauchen neue Namen auf. Erfreulich ist, daß von Jahr zu Jahr der Anteil der jüngeren Teilnehmer steigt. Diese Tatsache ist sicherlich mit darauf zurückzuführen, daß das Verzieren von Eiern in steigendem Maße in den Unterricht für Kunsterziehung und in die außerschulische Arbeit an den Schulen des zweisprachigen Gebietes der Bezirke Cottbus und Dresden einbezogen wird.

Manche Anregung zum „Mittun“ ist von den vielen Ausstellungen prämierter Ostereier der jährlichen Wettbewerbe ausgegangen. Einen besonderen Beitrag haben die bereits erwähnte methodische Anleitung „Sorbische Ostereier“ sowie eine Reihe entsprechender Artikel in verschiedenen Zeitschriften wie „Bildnerisches Volksschaffen“, „Kultur im Heim“, „PRAMO“, „Zeit im Bild“ und andere geleistet.

Viele bekannte sorbische Eiermaler sind stets bereit, die alten Techniken beim Verzieren der Eier in Zirkeln des bildnerischen Volksschaffens, in Arbeitsgemeinschaften an Schulen, in Zusammenkünften des Deutschen Kulturbundes und des DFD sowie bei besonderen Anlässen – vor allem in Volkskunstausstellungen – praktisch vorzuführen und zu erklären. Hierin erfüllt sich ein Stück

zur Realisierung des Bitterfelder Weges.
Für die Schulen stehen Unterrichtsfilme über das Verzieren von Ostereiern zur Verfügung, und das Haus für sorbische Volkskunst in Bautzen besitzt eine große Anzahl Farb-Dias von sorbischen Ostereiern, die dort auch ausgeliehen werden können.
Unser Staat fördert zielstrebig das geistig-kulturelle Leben aller Bürger. Die 5-Tage-Arbeitswoche bietet eine weitere gute Gelegenheit zur volkskünstlerischen Selbstbetätigung.

ALLGEMEINES ZUM SCHMÜCKEN DER EIER

Die Eier müssen sauber und fettfrei sein. Hartgekochte Eier sind es. Sollen rohe Eier gefärbt werden, empfiehlt es sich, diese mit Essig abzureiben. Eierfarben gibt es überall zu kaufen. Ihre Ergiebigkeit ist mitunter unterschiedlich. Stoffarben sind jedoch beständiger und deshalb für Eier, die aufbewahrt werden sollen, vorzuziehen.

Früher wurden für diesen Zweck verschiedene Naturfarben verwendet. Heute benutzt man sie nur noch selten, mit Ausnahme von Zwiebelschalen. – Man erhält

a) gelbe Töne aus gekochter Rinde des Apfelbaumes, aus Kümmel, aus gekochten Zwiebelschalen

b) rote Töne aus gekochten Spänen des Brasilholzes, aus Cochenille, aus dem Saft roter Rüben

c) braune Töne aus stark gekochten Zwiebelschalen, aus der Rinde des Pflaumenbaumes sowie der Eiche
d) grüne Töne aus gekochten Spitzen jungen Wintergetreides, aus Brennesselwurzeln, aus Spinatsaft und aus der Rinde junger Erlen
e) schwarze Töne (graue) aus gekochter Erlenrinde oder aus Erlenzapfen

Gibt man der Farblösung etwas Essig bei, werden die Farben intensiver und leuchtender. Je nach dem gewünschten Grad des Farbtons läßt man die Eier kürzere oder längere Zeit in der Farblösung.

Das saubere, unbeschädigte Ei wird 4–5 Minuten gekocht, wenn es zum Verzehr bestimmt ist, 20–30 Minuten, wenn es aufbewahrt werden soll. Jahre und Jahrzehnte halten sich solche Eier. Vorsicht ist allerdings geboten beim Transport von Eiern, bei denen das Ei-Innere vertrocknet und verhärtet ist. Die Eischale kann leicht durchschlagen werden und alle Herrlichkeit ist hin!

Zu empfehlen ist daher, die Eier roh zu verwenden und sie nach dem Bemalen und Färben auszublasen. Mit Hilfe eines spitzen Gegenstandes – einer Nadel, einem Nagel oder einem Bohrer – wird das Ei an den Spitzen durchstochen und dann ausgeblasen. Die so entstandenen kleinen Öffnungen können später mit Wachs oder Pech wieder verschlossen werden.

Die in der Lausitz üblichen Techniken

DIE WACHS-RESERVETECHNIK

Diese Technik ist die älteste der drei genannten und die am meisten verbreitete. Bei der Beschaffung des notwendigen Arbeitsmaterials gibt es keine Schwierigkeiten:

verschiedene Gänsefedern, deren Spitzen in geometrische Formen geschnitten werden
(s. Abb. a—e),

zwei Stecknadeln mit je einer größeren und einer kleineren Kuppe, die in Holzstäbchen von etwa 10 bis 12 cm Länge gesteckt werden
(s. Abb. f—g),

ein zurechtgebogener Eßlöffel, den man in eine große halbierte Kartoffel oder Rübe bzw. in ein mit Sand gefülltes Glas steckt.
(s. nebenstehende Abb.),

eine Kerze, ein Illuminationslicht oder ein Petroleumlämpchen,

a
b
a
b
c
d
e
c
d
e
f
g
f
g

ein Gemisch von Kerzen- und Bienenwachs (50:50, welches am besten haftet),
Farbtöpfe je nach Anzahl der zu verwendenden Farben.
Die in die Löffelkelle gegebene Mischung von Wachs und Stearin wird erhitzt. Die Spitze des Federkiels mit der zurechtgeschnittenen Form taucht man in das heiße (aber nicht kochende!) Wachs und legt sie dann schnell auf die Eierschale auf. Das gleiche gilt für die Stecknadelkuppe, die für Punkte und Striche gedacht ist.
Die Stecknadelkuppe muß aber erst heiß genug sein, bevor man mit ihr malen kann. Das Wachs auf der Eischale wird sogleich fest und erlaubt deshalb nur ein einmaliges schnelles Abdrucken. An leicht angewärmten Eiern haftet

das Wachs am besten. Durch Reihung solcher Formen entstehen Ornamente (s. Abb. S. 17).

Nachdem das Ei so bemalt ist, kommt es in die vorbereitete Farblösung. Dabei ist auf deren Temperatur, die nur mäßig warm sein darf, zu achten, da das Wachs schon bei 40 ° schmilzt und zum anderen das Ei-Innere gerinnt, falls es noch roh ist und ausgeblasen werden soll. Zu kalte Farben aber verbinden sich schlecht mit der Eierschale. Das Ei muß völlig von der Farblösung bedeckt und so gleichmäßig gefärbt sein. Danach läßt man es auf einer Unterlage (Papier, Lappen) abtrocknen. Einfarbige Eier gefallen sehr, wenn sie sauber verziert und kräftig gefärbt sind. Eine besondere Zierde aber sind mehrfarbige. Auf das einmal verzierte und zart gefärbte Ei werden weitere Wachsornamente aufgetragen. Danach kommt es in eine andere, kräftigere Farblösung. Dieser Vorgang kann mehrmals wiederholt werden. Man beginnt also mit der hellsten Farbe und paßt auf, daß die weiteren gut decken und harmonieren. Dazu bedarf es eines Farbgefühls. Unsere Ostereiermaler haben hierin reiche Erfahrungen. Ist einmal das Färben mißlungen, so kann man dem abhelfen, indem man das Ei in eine Säurelösung (Essig, verdünnte Salzsäure o. ä.) legt und dann mit einem Läppchen abwischt, bis die Schale wieder weiß ist. Nun kann erneut eingefärbt werden.

Ähnlich kann man verfahren, um recht viele Farben zu erhalten. Versierte Eiermaler in der Lausitz leisten dabei bewunderungswürdiges.

Ist nur ein einfarbiges Ei vorgesehen, müssen jetzt die Wachsornamente entfernt werden. Das geschieht durch langsames Drehen des Eies über einer Flamme. Das schmelzende Wachs wird mit einem weichen Lappen abgewischt. Viele Eiermaler legen das Ei auf ein Drahtgeflecht oder auf eine heiße Eisenplatte und lassen das Wachs abtropfen. Zum Schluß wird das Ei mit einem weichen, saugfähigen Läppchen saubergewischt. Soll das Ei recht schön glänzen, reibt man es mit einer Speckschwarte oder etwas Speiseöl ein.

Vereinzelt begegnen wir noch einer Variante der Wachstechnik: Hier wird dem heißen Wachs Farbe zugegeben. Man erhält so ein Ei mit farbigen Wachsornamenten, die auf der Schale verbleiben und die Verzierung bilden. Diese Art läßt sich also auch bei vorher ausgeblasenen Eiern anwenden.

DIE KRATZ- ODER RITZTECHNIK

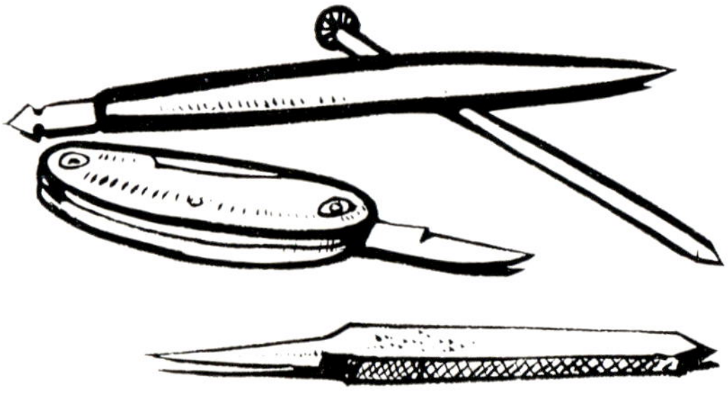

Für diese Technik benötigt man praktisch nur einen spitzen Gegenstand neben dem Farbtopf (Nadel, kleines Messer, Nagel.) Gut eignen sich spitz zugeschliffene Dreikantfeilen oder Spiralbohrer (s. nebenstehende Abb.).

Hier empfiehlt es sich, das Ei zu kochen; vor allem Anfänger sollten es tun. Eier mit Kalkspritzern sind für diese Technik ungeeignet. Das Ei wird in einer kräftigen Farblösung gefärbt. Am besten eignen sich Stoffarben, die sich auch beim stundenlangen Halten in der Hand während des Kratzens nicht abgreifen. Mit dem spitzen Gegenstand werden Ornamente oder Motive in die gefärbte Eischale gekratzt. Am zweckmäßigsten wird an einem bestimmten Punkt begonnen, um

den herum sich dann die verschiedenen ornamentalen Formen, die symmetrisch angeordnet werden, entwickeln.

Hier fallen Striche und andere Formen viel zierlicher aus als bei der Wachstechnik. Sie erinnern an Stickereien an Volkstrachten. Die Kratztechnik erfordert eine besonders ruhige, sichere und geschickte Hand und nimmt auch mehr Zeit in Anspruch. 4 bis 6 Stunden sind keine Seltenheit.

DIE ÄTZTECHNIK

Neben dem Topf mit Farblösung beschafft man sich einen einfachen Gänsefederkiel, wie er früher zum Schreiben verwendet wurde. Eine normale Schreibfeder tut es auch. Nur rostet sie schnell, weil mit Säure gearbeitet wird (s. nebenstehende Abb.).

In der Drogerie gibt es Salzsäure (HCl) oder Salpetersäure (HNO_3). Entsprechend den gesetzlichen Vorschriften über den Verkehr mit Säuren und Giften werden der Lehrer oder der Pionierleiter die Säure für die Schüler besorgen. Früher wurde für den gleichen Zweck Sauerkrautsaft verwendet. Beim Arbeiten mit Säure ist besondere Vorsicht geboten, damit nicht die Augen verletzt oder die Kleidung beschädigt werden. Für Kinder ist daher wegen der Gefähr-

lichkeit diese Technik nicht zu empfehlen.

Die Säure wird im Verhältnis 1:3 bis 1:5 mit Wasser verdünnt.

Das trockene, kräftig gefärbte Ei faßt man nicht mit den Fingern, sondern mit Hilfe eines Läppchens an, um Fettspuren zu vermeiden. Sonst wirkt die Säure nicht. Mit dem Federkiel oder mit der Stahlfeder werden in dünnen Strichen Ornamente, Blumen, Symbole, Sprüche oder ähnliche Schmuckformen auf das Ei gezeichnet. Etwa nach jedem fünften Strich sollte man wieder abwischen, sonst frißt die Säure zu weit und verwischt die Konturen. Die geätzten Stellen erscheinen als weiße Linien, sobald sie mit einem weichen Läppchen abgewischt worden sind.

SCHMUCK-ELEMENTE AUF OSTEREIERN

Die einfachste Form des Verzierens von Eiern ist das bloße Färben.

Auf den sorbischen Ostereiern finden sich alle drei Formen des Ornaments:

a) das geometrische (als älteste Form)
b) das stilisierte
c) das naturalistische (Pflanzen, Tiere)

a

b

c

Das Ornament hat die Aufgabe, die Form des Dekorträgers, hier des Eies, hervorzuheben, zu beleben, die ästhetische Wirkung zu steigern, seinen praktischen oder ideellen Wert zu unterstreichen.
Zu den Ausdrucksmitteln des Ornaments gehören die Prinzipien der Wiederholung (einfache oder rhythmische Reihung), der Symmetrie, des Gleichgewichts, der Proportion und der organischen Einheit, kurz: alle Formen der Harmonie. Die Schmuckformen bilden eine Einheit mit ihrem Träger (dem Material). Man sollte sich hüten, die hier angeführten Stilelemente regellos zu verwenden. Es würde zu einer Unordnung führen.
Bei der Wachstechnik werden in der Lausitz mit Vorliebe bestimmte Ornamente verwendet, die sicherlich als einstige Symbole zu werten sind. Dazu gehören insbesondere Sonne, Halbsonne, Rhombus und Raute. Die Ornamente lassen sich bei einiger Phantasie derart verschieden anordnen, daß jedes Ei ein anderes Aussehen erhält. Zierlicher sind die Ornamente auf den gekratzten Eiern, wobei geometrische und stilisierte Pflanzenformen überwiegen. Oft nimmt man Stickereien und Blaudruckmuster als Vorlage. Verschiedentlich werden auch naturalistische Ornamente oder Motive, besonders Blumen, verwendet. Auf den geätzten Eiern erscheinen neben Symbolen meistens stilisierte Pflanzen, Tiere und auch Sprüche.

WARUM VERZIEREN WIR EIER?

Das geschmückte Ei spielte und spielt im Brauchtum der Sorben zu Ostern als Patengeschenk, als Tanzgabe und beim Walleien eine besondere Rolle.

Wir pflegen den Brauch des Verzierens von Eiern als Zweig der reichen sorbischen Volkskultur.

Beim Verzieren von Eiern werden künstlerische Fähigkeiten und Fertigkeiten hinsichtlich der Anwendung der Ornamente und der Farbe entwickelt. Das ästhetische Gefühl vervollkommnet sich und übt seinen Einfluß auf das gesamte Empfinden für das Schöne aus. Heute schenkt man verzierte Ostereier in zunehmendem Maße Familienangehörigen, Freunden und Bekannten zu Ostern und zu anderen Gelegenheiten. Schüler und Jugendliche verzieren Eier für ihre Freunde im In- und Ausland als Erinnerungsgeschenke, als Raumschmuck für Kindergärten, Schulen und Klubräume.

Nach altem Brauch kann man ausgeblasene Eier an einen Frühlingsstrauß hängen (s. Abb. Seite 2).

42 DAS WALLEIEN

In diesem Brauch begegnen wir einem alten Fruchtbarkeitszauber. Früher glaubte man, das Wachstum und Gedeihen der Saaten günstig zu beeinflussen, indem man im Frühjahr Eier über Wiese und Feld kullerte. Den Rest dieses Brauches finden wir heute noch hier und da im sogenannten Wallеien.

Im Garten oder auf dem Dorfplatz wird eine kleine Grube mit schiefer Bahn ausgehoben, bis 1,5 m breit, bis 3 m lang und am Ende des Gefälles etwa 30–40 cm tief.

Der erste Spieler legt ein Osterei in die Grube. Der nachfolgende Spieler muß versuchen, mit seinem in die Grube kullerndem Ei das erstere zu treffen. Verfehlt er es, so bleibt auch seines in der

Grube liegen und der nächste Mitspieler ist an der Reihe. Trifft er, so darf er das getroffene Ei behalten und seines wieder herausnehmen oder er bekommt – so ist es allgemein üblich – einen Pfennig oder ein Bonbon. Außerdem darf er das Spiel fortsetzen bis es mißlingt. Da natürlich nicht alle Spieler treffen, sammeln sich oft mehrere Eier in der Grube an. Es kommt aber auch vor, daß dann ein Mitspieler mehrere Eier zugleich trifft, für die er auch mehrere Pfennige oder Bonbons bekommt. Wenn sämtliche Ostereier aller Mitspieler in der Grube liegen, beginnt das Spiel von neuem. In verschiedenen Orten der Niederlausitz ist eine ganz andere Form der Walleie üblich gewesen. Nur vereinzelt trifft man sie heute noch an. Die Erhebung mit einer abschüssigen Bahn wird aus Sand geformt, die Bahn selbst mit verschiedenen Hindernissen versehen, um das Walleien noch spannender zu gestalten. Oftmals legten die erwachsenen Zuschauer kleine Geldmünzen an die einzelnen Hindernisse, um den Wettkampfeifer der Kinder zu erhöhen.

Eine besondere Entwicklung hatte das früher weit bekannte „Eierschieben" am Protschenberg in Bautzen genommen. Das städtische Bürgertum bereitete sich zu Ostern ein Vergnügen, indem es verschiedene Gebäcke und Leckereien den Steilhang zur Spree hinunterkullerte. Kinder der ärmsten Schichten der Stadt – vor

allem aus der Seidau – versuchten, diese Almosen zu erhaschen. Dabei kam es oft zu Prügeleien der Kinder und zu Stürzen in das kalte Wasser, an denen die Zuschauer ihren Spaß hatten. Es ist einleuchtend, daß die Pflege eines so ausgearteten und sinnentleerten Brauches heute keine Existenzberechtigung mehr hat. Verschiedene Versuche in den Nachkriegsjahren, diesen Brauch neu zu gestalten, sind fehlgeschlagen wie auch Versuche zur Restaurierung anderer Volksbräuche, die in der sozial-ökonomischen Struktur des Spätfeudalismus ihre Wurzeln und auch ihre Daseinsberechtigung hatten, heute jedoch anachronistisch wirken müssen.

ANNA TILLICH

Eine Volkskünstlerin aus Hoyerswerda

Weit über die Grenzen der Lausitz ist der Name dieser sorbischen Volkskünstlerin bekannt. Er wurde in den vergangenen 16 Jahren immer wieder in Presse und Funk genannt – zumeist in Verbindung mit den alljährlichen Wettbewerben um das schönste sorbische Osterei. Oft wurden ihr die besten Preise zuerkannt.

Anna Tillich stammt aus Spohla in der Nähe von Hoyerswerda. Ihre Eltern verlor sie schon früh und wuchs im landwirtschaftlichen Betrieb ihrer Großmutter auf. Sie war es auch, die die damals zehnjährige Anna ermutigte, nach alter Art Ostereier zu verzieren. Alle drei bekannten Techniken wurden damals in Spohla gepflegt. Doch für die Kratztechnik begeisterte sie sich am meisten. Ihr ist sie treu ge-

blieben. Mit großer Wertschätzung verwendet sie heute noch ein kleines Messer zum Kratzen, welches schon ihre Eltern dafür benutzt haben.

Anna Tillich ist auch auf anderem volkskünstlerischen Gebiet recht rege. Das Besticken einzelner Teile der Volkstracht, die sie von Kind an trägt und die sie sich stets allein genäht hat, macht ihr viel Freude. Ihre Trachtenstickereien fanden bei verschiedenen Wettbewerben des künstlerischen Volksschaffens und in vielen Ausstellungen große Anerkennung. In den letzten Jahren entstanden unter ihren geschickten Händen Trachtenpuppen und moderne Raumtextilien. Gerade dadurch – unter Verwendung alter Sticktechniken und

Volksornamente – leistete und leistet sie einen bedeutenden Beitrag zur Weiterentwicklung des sorbischen textilen Schaffens.
In den vergangenen Jahren hat A. Tillich verschiedene Qualifizierungsmöglichkeiten staatlicher Volkskunstorgane – besonders auf textilem Gebiet – wahrgenommen.
Ihre volkskünstlerischen Fähigkeiten und Fertigkeiten vermittelt sie schon jahrelang vor allem jungen Menschen. In vielen Schulen, außerschulischen Arbeitsgemeinschaften sowie in Zirkeln des künstlerischen Volksschaffens ist sie oft zu Gast gewesen. Einige Zirkel leitet sie seit Jahren ständig an.
Tagelang, ja wochenlang saß sie in Volkskunstausstellungen zu besonderen Anlässen und demonstrierte so Tausenden von Interessenten das Verzieren von Eiern nach alten sorbischen Volkskunsttechniken.
Der Bundesvorstand der DOMOWINA hat Anna Tillich 1960 mit dem Ehrenzeichen der Organisation ausgezeichnet. Auch von anderer Seite wurden ihr viele Ehrungen zuteil. Für ihre großen Verdienste bei der Pflege und schöpferischen Weiterentwicklung insbesondere des sorbischen Textilschaffens verlieh der Minister für Kultur der DDR Frau Anna Tillich 1966 den Staatspreis für künstlerisches Volksschaffen, welcher ihr Ansporn für weitere aktive Tätigkeit ist.

50

HELMUT KURJO

Ein Volkskünstler aus dem Lausitzer Braunkohlenrevier

Bluno, ein Dorf im Kreis Hoyerswerda, dessen Gesicht immer mehr vom Braunkohlenbergbau geprägt wird.

Hier wohnt und wirkt der junge sorbische Volkskünstler Helmut Kurjo, dessen Name bei Wettbewerben und Ausstellungen des bildnerischen Volksschaffens oft zu lesen ist. Er soll hier – stellvertretend für die vielen Männer, die sich ebenfalls dem künstlerischen Volksschaffen verschrieben haben – vorgestellt werden. Helmut Kurjo wurde 1935 in Bluno geboren und wuchs in der Landwirtschaft auf. Heute ist er Genossenschaftsbauer. Doch neben seiner beruflichen Tätigkeit nimmt er allzeit aktiven Anteil am gesellschaftlichen Leben seines Dorfes, sei es als Vorsitzender der Ortsgruppe der DOMOWINA, als Mitglied des sehr rührigen Dorfklubs oder als Mitglied der Freiwilligen Feuerwehr. Jahrelang war er eifriger Sänger im sorbischen Volkschor. Anfang 1966 interessierte er viele Jugendliche aus Bluno für den sorbischen Volkstanz. Die damals durch seine Initiative entstandene Tanzgruppe leitet er selbst. H. Kurjo ist auch ein passionierter Ostereiermaler. Mit 10 Jahren übernahm er diesen Brauch von seinen Eltern und Großeltern mit großem Erfolg. Neben der dort üblichen Wachstechnik versuchte er sich später auch in der Kratztechnik. Aber auch auf textilem Gebiet ist er tätig. Ausgezeichnet versteht er sich auf das Anfertigen sorbischer Trachtenpuppen, wobei er auf Originalität achtet. Genau so streng wacht er in der Tanzgruppe auf die Volkstracht. Alljährlich im Winter finden wir ihn hinter dem Webstuhl. Oft treffen wir Helmut Kurjo auch beim Ankleiden von Festtrachten an.

Volkskundler, Museumsleute und Fotografen schätzen seinen sachkundigen Rat.

Die DOMOWINA zeichnete H. Kurjo für sein umfangreiches volkskünstlerisches Schaffen 1968 mit dem Ehrenzeichen aus.

52

INHALTS-ÜBERSICHT

Herausgegeben vom VEB DOMOWINA-VERLAG Bautzen Lektorat für populärwissenschaftliche und wissenschaftliche Literatur 1969 1. Auflage
Cheflektor: Dr. P. Völkel Leitender Lektor: B. Budar Hersteller: E. Kahle Gestaltung und Zeichnungen: U. Lange
Fotos: St. Lange, R. Langematz, K. Heine
ES 12 H Best.-Nr.: 1/7/453-1 VLN 421
Liz. Nr.: 200/73/69
Satz und Druck: Nowa Doba, Druckerei der Domowina, Bautzen
Buchbinderische Verarbeitung:
E. A. Enders, Leipzig
Preis: 4,20 M